MW01715461

SUSAN SONTAG

l'écriture même : à propos de barthes

Du même auteur
chez Christian Bourgois éditeur

à la recherche d'artaud
la maladie comme métaphore
l'écriture même : à propos de barthes
le sida et ses métaphores
sur la photographie
l'amant du volcan
en amérique
devant la douleur des autres
temps forts
garder le sens mais altérer la forme

Du même auteur
dans la collection « Titres »

sur la photographie
la maladie comme métaphore /
le sida et ses métaphores

177695

Ren
10061395

ÉLAGUÉ

SUSAN SONTAG

l'écriture même : à propos de barthes

BIBLIOTHÈQUE
MARIE-ANTOINETTE-FOUCHER

Traduit de l'anglais (États-Unis)
par Philippe Blanchard
en collaboration avec l'auteur

848.91
B285
YA

Christian Bourgois éditeur

Titre original :
Writing itself: On Roland Barthes
© 1982, The Estate of Susan Sontag
All rights reserved
© Christian Bourgois éditeur, 1982, 2002, 2009, pour la traduction française
ISBN 978 2 267 02058 8

La meilleure poésie sera la critique rhétorique.
Wallace STEVENS (Note de journal, 1899).

Je me suis rarement perdu de vue.
Paul VALÉRY, *Monsieur Teste*.

Pédadogue, homme de lettres, moraliste, philosophe de la culture, connaisseur en idées fortes, lecteur protéen de soi-même... ... parmi les notabilités intellectuelles qui sont apparues en France depuis la Deuxième Guerre mondiale, Roland Barthes est celui dont l'œuvre est, j'en suis persuadée, la plus sûre de durer. Barthes était en pleine activité, publiant sans cesse comme il le faisait depuis plus de trois décennies, quand il fut renversé par une camionnette alors qu'il s'apprêtait à traverser une rue de Paris, au début de 1980 : une mort ressentie par ses amis et ses admirateurs comme atrocement prématurée. Mais l'heure du retour douloureux sur le passé est aussi celle de la conscience qui confère au corpus abondant et en constante mutation de ses écrits, comme à toute œuvre majeure, sa complétude rétroactive. L'évolution de l'œuvre de Barthes paraît maintenant logique, et plus que cela, exhaustive. Au point que ses premiers et ses derniers mots portent sur le même sujet : cet outil exemplaire du cheminement de la conscience qu'est le journal de l'écrivain. Il se trouve que la toute première étude publiée par Barthes célèbre la conscience modèle qu'il avait rencontrée dans le *Journal* d'André Gide, et dans ce qui devait devenir la dernière étude qu'il ait publiée avant de mourir, il médite sur le journal qu'il tient lui-même. Cette symétrie, pour accidentelle qu'elle soit, est parfaitement appropriée, car les écrits de Barthes, à travers la prodigieuse variété des sujets qu'il a abordés, n'en ont finalement qu'un seul : l'écriture même.

Ses premiers thèmes furent ceux d'un franc-tireur de la littérature qui saisissait les occasions offertes par le journalisme culturel, le débat littéraire, la critique des livres et du théâtre. A quoi s'ajoutèrent les questions soulevées et reprises en séminaire et en chaire, car il mena sa carrière littéraire concurremment avec une très belle carrière universitaire, et en partie sous cette forme. Mais la voix demeurait singulière et revenait toujours à soi ; sa réussite est d'un autre ordre, d'une dimension plus grande, que celle que l'on peut obtenir même quand on pratique, avec une virtuosité à couper le souffle, la plus vivace et la plus diverse des disciplines universitaires. Malgré tout ce qu'il a apporté à une prétendue science des signes et des structures, l'entreprise de Barthes était l'essence même de l'entreprise littéraire : l'organisation par l'écrivain, sous divers auspices doctrinaux, de la théorie de son propre esprit. Et le jour où sa réputation ne sera plus circonscrite, comme elle l'est actuellement, par les étiquettes de sémiologie et de structuralisme, ce qui ne peut manquer de se produire, on reconnaîtra selon moi en Barthes un promeneur solitaire dans la grande tradition, et un écrivain plus immense encore que ses plus fervents admirateurs ne le soutiennent.

Il se donnait toujours à fond à ce qu'il écrivait ; il était toujours concentré, ardent, infatigable. Cette étourdissante inventivité ne semble pas être un simple attribut des extraordinaires pouvoirs de Barthes, en tant qu'intellectuel et en tant qu'écrivain. Elle semble presque avoir valeur de parti pris, — comme s'il s'agissait d'un impératif du discours critique. « La littérature est comme le phosphore », écrit-il dans son premier livre, *le Degré zéro de l'écriture,* publié en 1953 ; « elle brille le plus au moment où elle tente de mourir ». Pour Barthes, la littérature est déjà une affaire posthume. Son œuvre affirme une exigence de briller à toute force, qui est effectivement l'un des idéaux possibles d'un moment de la culture qui croit avoir, en plusieurs sens du terme, le dernier mot.

Outre son brillant, l'œuvre de Barthes possède plusieurs des traits spécifiques que l'on associe au style d'un moment tardif de la culture, style qui suppose l'existence antérieure à soi d'un discours sans fin, et le raffinement intellectuel : un style qui, acharné à éviter l'ennui ou l'évidence, encourage l'affirmation ramassée, une écriture prompte à couvrir beaucoup de terrain. Avec inspiration, avec ingéniosité, Barthes pratiquait l'essai et l'anti-essai : il avait une résistance à l'égard des formes longues. La phrase typique de Barthes est complexe, chargée de virgules et portée sur les deux points, bourrée de chaînes d'idées exprimées dans une langue dense, comme si ces idées étaient le matériau d'une prose souple. C'est une façon spécifiquement française de développer des idées, apparentée aux études serrées, à la critique d'auteur que publiait entre les deux guerres la *Nouvelle Revue Française,* une variante du style maison de la NRF, capable de faire passer davantage d'idées par page tout en en conservant le brio, l'acuité du timbre. Son vocabulaire est étendu, recherché et n'a pas peur du mot savant. Il n'est pas jusqu'à ses écrits moins enlevés, plus hantés par le jargon (pour la plupart datant des années soixante) qui ne soient pleins de saveur ; il arrive à faire une utilisation exubérante des néologismes. Tout en avançant sans relâche, sa prose tend toujours vers la formulation récapitulative : elle ne peut s'empêcher d'être aphoristique. (On pourrait parcourir l'œuvre de Barthes en en extrayant des joyaux — épigrammes, maximes — pour constituer un petit livre, comme cela a été fait pour Wilde et pour Proust.) Ce talent aphoristique suggère une sensibilité douée, avant toute intervention de la théorie, pour la perception de la structure. En tant que méthode d'affirmation ramassée, au moyen de termes opposés deux à deux, la maxime ou l'aphorisme mettent nécessairement à jour les symétries et les complémentarités des situations ou des idées, leur configuration, leur forme. Tout comme le fait d'être plus sensible aux dessins qu'aux peintures, un talent d'aphoriste est l'un des signes de ce que l'on pourrait appeler le tempérament formaliste.

BIBLIOTHÈQUE

MARIE-ANTOINETTE-FOUCHER

Le tempérament formaliste n'est qu'une variante d'une sensibilité commune à nombre de ceux dont les spéculations s'exercent à une époque de conscience saturée. Ce qui caractérise une telle sensibilité, c'est la confiance qu'elle place dans le critère du goût et son fier refus d'avancer quoi que ce soit qui ne porte pas la marque de la subjectivité. Procédant par affirmations assurées, elle n'en souligne pas moins le caractère uniquement provisoire de ses affirmations. (Agir autrement serait... de mauvais goût.) De fait, les adeptes de cette sensibilité tiennent d'ordinaire à se targuer du statut d'amateurs. « De toute manière, en linguistique, je n'ai jamais été qu'un amateur », déclare Barthes dans un entretien en 1975. Dans tous ses derniers écrits, il ne cesse de rejeter le rôle, vulgaire pour ainsi dire, de bâtisseur de système, d'autorité, de mentor, d'expert, afin de se réserver les privilèges et les libertés de la délectation : l'exercice du goût est en général pour lui une pratique de l'éloge. Ce qui fait de ce rôle un rôle privilégié, c'est son engagement implicite à trouver quelque chose de neuf, d'insolite à célébrer (ce qui exige juste ce qu'il faut de dissonance avec le goût établi), ou à trouver une façon différente de célébrer une œuvre familière.

Il en offre de bonne heure un exemple avec son deuxième livre, sorti en 1954, qui est consacré à Michelet. En dressant l'inventaire des métaphores et des thèmes récurrents des récits épiques du grand historien, Barthes met à jour un récit plus intime : l'histoire du propre corps de Michelet et « la résurrection lyrique des corps passés ». Barthes est toujours à la recherche d'un autre sens, d'un discours plus excentrique, souvent utopique. Ce qui l'amusait, c'était de montrer que des œuvres insipides et réactionnaires étaient en réalité pleines de sel et implicitement subversives ; de mettre à jour dans les projets les plus extravagants de l'imagination un autre extrême : dans son essai sur Sade, un idéal sexuel qui était en réalité un exercice de rationalité délirante ; dans son essai sur Fourier, un idéal rationaliste qui était en réalité un exercice de délire sensuel. Barthes ne refusait pas de s'attaquer aux grandes figures canoniques de la littérature quand il avait quelque chose de polémique à proposer : en 1960, il écrivit un court livre sur Racine qui scandalisa la critique universitaire ; il écrivit également sur Proust et sur Flaubert. Mais plus souvent, armé du concept essentiellement polémique de « texte », il appliquait son ingéniosité à une littérature marginale :

une « œuvre » secondaire, — *Sarrasine* de Balzac ou *la Vie de Rancé* de Chateaubriand, par exemple — pouvait être un « texte » merveilleux. Prendre le point de vue du « texte » signifie précisément pour Barthes suspendre les jugements de valeur conventionnels (la différence entre littérature majeure et littérature mineure), subvertir les classifications établies (séparation des genres, distinction entre les arts).

Bien que toute œuvre, quelles que soient sa forme et sa valeur, ait droit de cité dans la grande démocratie des « textes », le critique tendra à éviter les textes que tout le monde a manipulés, les significations que tout le monde connaît. La tournure formaliste de la critique moderne, dès sa phase primitive incarnée par l'idée de « dé-familiarisation » de Chklovski, fait précisément de cela un impératif. Il confie au critique la mission de balayer les significations usées pour faire de la place pour les nouvelles. Il lui donne mandat d'aller dénicher des significations neuves. « Etonne-moi. »

C'est le même mandat qui est donné par les notions de « texte » et de « textualité ». Elles sont la traduction dans le domaine de la critique de l'idéal d'une littérature ouverte, polysémique, caractéristique de la modernité ;

du même coup, elles font du critique, au même titre que les créateurs littéraires, l'inventeur du sens. (Le but de la littérature, affirme Barthes, est de mettre du « sens » dans le monde, mais pas « un sens ».) Décider que l'objet de la critique est de modifier et de restituer le sens (par addition, soustraction, multiplication) revient à fonder les efforts du critique sur une entreprise de refus, et par là même à remettre la critique, si elle lui avait jamais échappé, sous l'empire du goût. Car c'est en définitive l'exercice du goût qui identifie les sens familiers ; c'est un jugement de goût qui les écarte comme trop familiers ; une idéologie du goût qui fait du familier quelque chose de vulgaire et de facile. Le formalisme de Barthes en ce qu'il a de plus central, le décret que la vocation du critique est de reconstituer non le « message » d'une œuvre mais seulement son « système », — sa forme, sa structure — doit peut-être se comprendre comme refus libérateur de ce qui va de soi, comme immense geste de bon goût.

Pour le critique moderne, c'est-à-dire formaliste, l'œuvre existe déjà, accompagnée de son corpus de lectures. Dans ces conditions, que reste-t-il à dire ? Le canon des grands livres est déjà établi. Que pouvons-nous y ajouter, ou y réintroduire ? Le « message » est déjà compris, ou dépassé. N'en tenons pas compte.

Parmi les moyens variés que Barthes avait à sa disposition pour se donner quelque chose à dire — il était doué d'une capacité de généralisation exceptionnellement aisée, ingénieuse — le plus élémentaire était sa capacité d'aphoriste de faire apparaître des dualités actives : chaque chose pouvait se scinder en soi et son contraire, ou en deux versions de soi-même ; et l'on pouvait ensuite opposer l'un des deux termes à l'autre pour produire une relation inattendue. Le sens du voyage voltairien, fait-il remarquer, est de « manifester une immobilité » ; Baudelaire « ne pouvait que mettre la théâtralité à l'abri du théâtre » ; la tour Eiffel « fait de la ville une sorte de nature » : les écrits de Barthes sont parsemés de telles formules, aussi ostensiblement paradoxales, épigrammatiques que celles-là, à valeur de résumé. Il est de la nature de la pensée aphoristique d'être toujours en état de conclure ; une volonté d'avoir le dernier mot est inhérente à toute formulation puissante.

Moins élégantes, se voulant au contraire obstinément explicites, et beaucoup plus efficaces comme outil permettant de se donner quelque chose à dire, sont les classifications que Barthes dresse afin de s'engager dans une argumentation, cette façon de diviser en deux, trois, voire quatre parties la matière dont il va traiter. Il lance des développements en annonçant qu'il y deux grandes classes et des sous-classes d'unités narratives, deux façons pour le mythe de se prêter à l'histoire, deux facettes de l'éros racinien, deux musiques, deux façons de lire La Rochefoucauld, deux sortes d'écrivains, deux formes de l'intérêt qu'il porte aux photographies ; que l'écrivain dispose en somme de trois types de corrections, qu'il y a trois Méditerranées et trois sites tragiques dans Racine, que l'on peut lire les planches de *l'Encyclopédie* à trois niveaux, qu'il y a trois lieux de spectacle et trois écritures dans le théâtre de marionnettes japonaises, trois attitudes à l'égard de la parole et de l'écriture, qui équivalent à trois vocations, celle de l'écrivain, celle de l'intellectuel et celle du professeur ; qu'il y a quatre sortes de lecteurs, quatre raisons de tenir un journal...

Et ainsi de suite. Telle est le style codificateur, frontal, du discours intellectuel français, une des formes de la tactique rhétorique que les Français appellent, sans grande exactitude, « cartésienne ». Bien que certaines des classifications dont se sert Barthes soient classiques, comme la triade sémiologique canonique du signifié, du signifiant et du signe, beaucoup sont des inventions imaginées par lui pour engendrer un développement, comme cette affirmation dans un des derniers livres, *le Plaisir du texte,* que l'artiste moderne cherche à détruire l'art et que « cet effort » prend « trois formes ». Le but de cette catégorisation implacable n'est pas seulement de jalonner le territoire intellectuel : les taxinomies de Barthes ne sont jamais statiques. Souvent, l'intérêt est précisément que l'une des catégories subvertisse l'autre, comme c'est le cas pour les deux formes de l'intérêt qu'il porte aux photographies, et qu'il appelle *punctum* et *studium.* Barthes offre des classifications pour laisser les questions ouvertes, pour réserver une place à l'incodifié, à l'enchanté, au non-manipulable, au théâtral. Il affectionne les classifications bizarres, l'excès classificatoire (comme chez Fourier) et ses audacieuses métaphores physiques de la vie de l'esprit ne mettent pas l'accent sur la topographie mais sur la transformation. Attiré par l'hyperbole, comme le sont tous les aphoristes, Barthes engage les idées dans un drame, souvent dans un mélodrame sensuel ou légèrement teinté de fantastique. Il parle du tremblement, de l'excitation, du frémissement du sens, et de significations qui elles-mêmes vibrent, se rassemblent, se relâchent, se dispersent, s'animent, brillent, se replient, entrent en mutation, tardent, glissent, se séparent, exercent une pression, craquent, se rompent, se fissurent, sont pulvérisées. Barthes offre quelque chose comme une poétique de la pensée, qui identifie le sens de ses objets avec la mobilité même du sens, avec la dynamique de la conscience elle-même ; et il libère le critique comme artiste. L'usage que son imagination faisait d'une pensée binaire et ternaire avait toujours quelque chose de provisoire, de susceptible d'être corrigé, déstabilisé, condensé.

En tant qu'écrivain, il préférait les formes courtes, et il projetait de leur consacrer un séminaire ; il était particulièrement attiré par les formes miniatures, telles que le haïku et la citation ; et comme tous les vrais écrivains, ce qui le fascinait, c'était « le détail » (son mot à lui) : la forme courte par excellence qu'offre le vécu. Même en tant qu'essayiste, Barthes faisait bref, et les livres qu'il a écrits se présentent comme des multiples de formes courtes plutôt que comme des « vrais » livres, des itinéraires de questions plutôt que des développements unifiés. Son *Michelet,* par exemple, associe un inventaire des thèmes de l'historien à un grand nombre de brefs extraits de son œuvre abondante. L'exemple le plus rigoureux d'un développement qui prend la forme d'un itinéraire par le truchement de citations est *S/Z,* son exégèse modèle de *Sarrasine* de Balzac, publiée en 1970. De la mise en scène des textes des autres, il était inévitable qu'il passât à la mise en scène de ses propres idées. Et dans la même collection consacrée aux grands écrivains, dont il avait écrit le volume sur Michelet, il finit par écrire le volume consacré à lui-même en 1975 : cette éblouissante anomalie dans la collection qu'est *Roland Barthes* par Roland Barthes. L'allure caracolante de ses derniers livres met en scène à la fois sa fécondité (insatiabilité *et* légèreté) et son désir de subvertir toutes les tendances à la systématisation.

L'hostilité aux bâtisseurs de système est depuis plus d'un siècle un trait constant du bon goût intellectuel ; Kierkegaard, Nietzsche, Wittgenstein comptent parmi les nombreuses voix qui, au nom d'une singularité supérieure, à peine supportable, proclament l'absurdité des systèmes. Sous sa forme moderne forte, le mépris des systèmes est un des aspects de la contestation de la Loi et du Pouvoir lui-même. Sous une forme plus ancienne et plus douce, ce refus fait partie de la tradition sceptique française, de Montaigne à Gide : des écrivains qui se comportent en gourmets par rapport à leur propre conscience sont prédisposés à dénoncer « la sclérose des systèmes », expression dont Barthes se servit dans son premier essai, consacré à Gide. Et avec ces refus s'est développée une stylistique spécifiquement moderne, dont le prototype remonte au moins à Sterne et aux romantiques allemands : l'invention de formes de récit anti-linéaires; dans le domaine de la fiction, c'est la destruction de l' « histoire » ; dans celui de l'essai, c'est l'abandon du développement linéaire. Le fait de présumer impossible (ou sans intérêt) de produire un développement systématique continu a conduit à remodeler les grandes formes établies (le traité, le livre long) et à redistribuer les genres de la fiction, de l'autobiographie et de l'essai. De cette stylistique, Barthes est un praticien particulièrement inventif.

Pour la sensibilité romantique et post-romantique, dans tout livre, l'auteur se donne en représentation : écrire est un acte théâtral, soumis à une élaboration théâtrale. Une des stratégies que l'on peut mettre en œuvre consiste, comme le fit Kierkegaard, à multiplier les pseudonymes, dissimulant et multipliant ainsi la figure de l'auteur. Quand il s'agit d'une œuvre autobiographique, elle inclut invariablement l'aveu de la répugnance à parler à la première personne. L'une des conventions de *Roland Barthes* consiste, pour l'auteur de l'autobiographie, à se désigner tantôt comme « je », tantôt comme « il ». « Tout ceci », annonce Barthes à la première page de ce livre consacré à lui-même, « doit être considéré comme dit par un personnage de roman ». Sous la méta-catégorie de représentation, ce n'est pas seulement la frontière entre l'autobiographie et la fiction qui est brouillée, mais aussi celle qui sépare la fiction de l'essai. « Que l'essai s'avoue presque un roman », déclare-t-il dans *Roland Barthes.* L'écriture enregistre de nouvelles formes de tension dramatique, qui ont le moi pour objet : l'écriture est l'incarnation des compulsions et des résistances à écrire. (En étendant davantage ce point de vue, l'écriture même devient le sujet de l'écrivain.)

Pour parvenir à la digressivité et à l'intensité idéales, deux stratégies ont été largement adoptées. L'une consiste à abolir, partiellement ou en totalité, les délimitations ou les coupures conventionnelles du discours, telles que les chapitres, les paragraphes, voire la ponctuation, tout ce dont on peut penser que cela entrave formellement la production continue de la voix (de l'écrivain) : c'est la méthode cursive en faveur chez les auteurs de fictions philosophiques comme Hermann Broch, Joyce, Stein, Beckett. L'autre stratégie est l'inverse : multiplier les façons de segmenter le discours, inventer de nouvelles façons de le briser. Joyce et Stein ont aussi utilisé cette méthode ; Chklovski, dans ses meilleurs livres, ceux des années vingt, écrit des paragraphes d'une seule phrase. De telles ouvertures et fermetures multiples permettent au discours d'être aussi différencié, aussi polyphonique que possible. La forme adoptée le plus communément dans l'exposé est celle d'unités brèves, formées d'un ou de deux paragraphes, séparées par des espaces. « Notes sur... » est d'ordinaire leur forme littéraire, forme que Barthes a utilisée dans son essai sur Gide, et à laquelle il revient souvent dans ses dernières œuvres. Une grande partie de ses écrits obéit à des techniques de discontinuité qui prennent parfois la forme de citations alternant avec un commentaire qui court en parallèle, comme dans *Michelet* et *S/Z*. Ecrire sous forme de fragments, ou de séquences, ou de « notes », débouche sur des formes d'organisation nouvelles, sérielles plutôt que linéaires. Outre la juxtaposition, on peut mettre en place les séquences de façon arbitraire. On peut par exemple les numéroter, méthode appliquée avec beaucoup de raffinement par Wittgenstein. Ou bien on peut leur donner des titres, titres parfois ironiques ou hyperboliques : c'est la stratégie suivie dans *Roland Barthes.* Les titres offrent une possibilité additionnelle : ils permettent de ranger les fragments par ordre alphabétique, soulignant ainsi le caractère arbitraire de la séquence ; c'est la méthode des *Fragments d'un discours amoureux* (1977) où la fragmentation est annoncée dans le nom même du livre.

Les derniers écrits de Barthes sont les plus audacieux du point de vue formel : tout ce qu'il écrivait d'important s'organisait de façon sérielle plutôt que linéaire. Il ne se conformait aux normes de l'essai que quand il s'agissait d'une bonne action littéraire (comme les préfaces, dont il écrivit un grand nombre) ou d'un caprice journalistique. Toutefois, ces formes fortes que l'on trouve dans ses écrits ultérieurs ne font que manifester un désir implicite dans toute son œuvre : la volonté de Barthes d'entretenir avec l'affirmation une relation supérieure, celle qu'entretient l'art, une relation de plaisir. Une telle conception de l'écriture exclut la peur de se contredire. (Selon l'expression de Wilde : « Une vérité, en art, est ce dont le contraire est également vrai. ») Barthes n'a cessé de comparer l'enseignement au jeu, la lecture à l'éros, l'écriture à la séduction. Sa voix est devenue de plus en plus personnelle, affirmant de plus en plus son « grain » ; son art intellectuel se faisait plus ouvertement oratoire, à l'instar des autres grands adversaires des systèmes. Mais tandis que Nietzsche s'adresse au lecteur sur une grande variété de tons, à couleur agressive, — exultation, réprimande, flatterie, provocation, sarcasme, appel à la complicité — Barthes joue invariablement sur le registre de l'affabilité. On n'y trouve aucune prétention orgueilleuse ou prophétique, aucun plaidoyer avec le lecteur, ni aucun effort pour ne *pas* se faire comprendre. C'est le jeu de la séduction, jamais le viol. Toute l'œuvre de Barthes est une exploration du théâtral, du ludique ; de mainte façon ingénieuse, une plaidoirie pour la saveur, pour une relation festive (plutôt que dogmatique ou crédule) avec les idées. Pour Barthes, comme pour Nietzsche, l'important n'est pas de nous enseigner quelque chose de particulier. L'important est de nous rendre audacieux, agiles, subtils, intelligents, détachés. Et de donner du plaisir.

L'écriture est ce dont Barthes parle en permanence : il n'est probablement personne depuis Flaubert (dans sa correspondance) qui ait réfléchi avec autant de brillant et de passion que Barthes sur ce qu'est l'écriture. La plus grande partie de son œuvre est consacrée à la description de la vocation de l'écrivain : depuis les premières analyses démystificatrices contenues dans *Mythologies* (1957) de l'écrivain vu par les autres, c'est-à-dire comme idole (par exemple, « L'écrivain en vacances »), jusqu'aux essais plus ambitieux sur des écrivains à l'œuvre, c'est-à-dire l'écrivain comme héros et martyr (par exemple « Flaubert et la phrase », à propos de « la souffrance indicible » du « travail du style »). Les merveilleux essais de Barthes sur les écrivains doivent être considérés comme des versions différentes de sa grande apologie de la vocation d'écrivain. En dépit de toute l'admiration qu'il porte aux critères ascétiques d'intégrité établis par Flaubert, il ose concevoir l'écriture comme une forme du bonheur : c'est l'essentiel de son essai sur

Voltaire (« Le dernier des écrivains heureux ») et de son portrait de Fourier, que ne troublait aucun sentiment de l'existence du mal. Dans ses dernières œuvres, il parle directement de sa propre pratique, de ses scrupules, de sa jouissance.

Barthes fait de l'écriture une forme de conscience idéalement complexe : une façon d'être à la fois passif et actif, social et asocial, présent et absent à sa propre vie. L'idée qu'il se fait de la vocation de l'écrivain exclut la claustration que Flaubert jugeait inévitable et n'admettrait aucune possibilité de conflit entre la nécessaire intériorité de l'écrivain et les plaisirs de la mondanité. C'est pour ainsi dire Flaubert corrigé par Gide : une rigueur plus éduquée, plus légère ; une relation d'avidité et de ruse à l'égard des idées, excluant le fanatisme. En effet, l'autoportrait idéal — l'homme c'est l'écrivain — que Barthes a esquissé à travers toute son œuvre, ce portrait est virtuellement achevé avec le premier essai consacré au *Journal* de Gide, son « œuvre égoïste ». Gide a fourni à Barthes le modèle patricien d'un écrivain souple, multiple ; jamais criard ni vulgairement indigné ; généreux... avec ce qu'il faut d'égocentrisme ; incapable de se laisser profondément influencer. Il note combien peu Gide a été modifié par ses immenses lectures (« ce furent autant de reconnaissances de lui-même »), comment « ses découvertes n'ont jamais été des reniements ». Et il célèbre la profusion des scrupules de Gide, faisant observer que sa « situation... à la croisée de grands courants contradictoires n'a rien de facile ». Barthes souscrit également à l'idée gidienne d'une écriture élusive, qui se permet parfois d'être mineure. Son rapport à la politique rappelle aussi celui de Gide : volonté, en des temps de mobilisation idéologique, d'adopter des positions comme il faut, d'être politique, mais au bout du compte, volonté de ne pas l'être : et, par là même, peut-être, de dire une vérité que pratiquement personne d'autre ne dit. (Voyez le bref essai que Barthes écrivit après un voyage en Chine en 1974.) Barthes avait beaucoup d'affinités avec Gide, et beaucoup de ce qu'il dit sur ce dernier s'applique sans modification à lui-même. N'est-il pas remarquable de tout trouver noir sur blanc, y compris le programme de « perpétuelle remise au point de lui-même », bien avant qu'il ne se soit lancé dans sa carrière ? (Barthes avait vingt-sept ans, et était en cure dans un sanatorium d'étudiants, à l'époque où il écrivit cet essai, qui date de 1942, pour la revue de l'établissement ; ce n'est que cinq ans plus tard qu'il fit son entrée sur la scène littéraire parisienne.)

Quand Barthes, qui avait débuté sous l'égide de la doctrine gidienne de disponibilité psychique et morale, commença à écrire de façon régulière, les œuvres majeures de Gide appartenaient déjà au passé, et son influence était négligeable (il meurt en 1951); et Barthes endossa la cuirasse du débat de l'après-guerre sur la responsabilité de la littérature, débat dont les termes avaient été posés par Sartre : l'exigence que l'écrivain entretienne avec la vertu un rapport militant que Sartre décrivait par le concept tautologique d' « engagement ». Gide et Sartre furent les deux écrivains moralistes qui ont exercé le plus d'influence en France depuis le début de ce siècle, cela est une évidence, et l'œuvre de ces deux fils de la culture protestante française invite à des choix moraux et esthétiques tout à fait opposés. Mais c'est précisément ce genre de polarisation que Barthes, lui aussi protestant révolté contre le moralisme protestant, cherche à éviter. En gidien souple qu'il est, Barthes souhaite vivement reconnaître *aussi* la valeur du modèle sartrien. Alors que son premier livre, *le Degré zéro de l'écriture,* implique un désaccord fondamental avec la conception sartrienne de la littérature (Sartre n'étant jamais cité nommément), une communauté de vue avec sa conception de l'imagination comme source d'obsessions se fait jour dans le dernier livre de Barthes, *la Chambre claire* (qui s'annonce comme un « hommage » au Sartre du début, à l'auteur de *l'Imaginaire*). Mais même dans ce premier livre, Barthes concède beaucoup à la conception sartrienne de la littérature et du langage, par exemple quand il range la poésie avec les autres « arts » et identifie la littérature à la prose, à l'argumentation. Barthes développa par la suite une conception beaucoup plus complexe de la littérature. Bien qu'il n'ait jamais écrit sur la poésie, ses critères littéraires se rapprochaient de ceux du poète : la littérature comme langage dans lequel s'est produit un soulèvement, langage qui a été déplacé, libéré de contextes ingrats ; langage qui, pour ainsi dire, mène une vie indépendante. Tout en étant d'accord avec Sartre que la vocation de l'écrivain répond à un impératif éthique, il met l'accent sur sa complexité et son ambiguïté. Sartre en appelait à la moralité des fins. Barthes invoque « la moralité de la forme », — ce qui fait de la littérature un problème plutôt qu'une solution ; ce qui fait la littérature.

Concevoir la littérature comme communication réussie et prise de position est cependant une attitude qui est vouée à devenir conformiste. La théorie fonctionnelle exposée par Sartre dans *Qu'est-ce que la littérature ?* (1948) fait de la littérature quelque chose de toujours dépassé, un combat vain, — et déplacé — entre les bons soldats de la morale et les puristes de la littérature, c'est-à-dire les tenants de la modernité. (Comparez le philistinisme latent de cette conception de la littérature avec la subtilité et l'acuité de ce que Sartre avait à dire au sujet des images visuelles.) Déchiré entre son amour de la littérature (amour raconté dans celui de ses livres qui atteint à la perfection, *les Mots*) et un mépris moralisant pour la littérature, l'un des grands littérateurs de ce siècle a passé les dernières années de sa vie à insulter la littérature et à s'insulter lui-même avec cette idée indigente, « la névrose de la littérature ». On n'est pas davantage convaincu par sa façon de défendre le projet d'engagement de l'écrivain. Accusé, ce faisant, de réduire la littérature (à la politique), Sartre a protesté, déclarant qu'il serait plus exact de l'accuser de la surestimer. « Si la littérature n'est pas *tout,* elle ne vaut pas une heure de peine. C'est cela que je veux dire par " engagement " », déclarait-il dans un entretien de 1960. Mais gonfler la littérature pour en faire « tout » n'est précisément qu'une autre façon de la déprécier.

Barthes aussi pourrait être accusé de surestimer la littérature, de la traiter comme si elle était « tout », mais au moins en faisait-il quelque chose de plausible. Car il comprenait, à la différence de Sartre, que la littérature est, avant tout et en dernier ressort, langage. C'est le langage qui est tout. Ce qui veut dire que la totalité du réel est présenté sous forme de langage : le savoir du poète comme celui du structuraliste. Et Barthes considère comme allant de soi (ce qui n'était pas le cas de Sartre avec son concept de l'écriture comme communication) ce qu'il appelle « l'exploration radicale de l'écriture » entreprise par Mallarmé, Joyce, Proust et leurs successeurs. Qu'aucune entreprise ne possède de valeur à moins de pouvoir être envisagée comme une forme de contestation, contestation par là même dissociée de tout contenu spécifique, telle est peut-être l'essence de ce que nous appelons la modernité. L'œuvre de Barthes se situe dans le courant de la modernité dans la mesure où elle pose la nécessité d'une position à contester : littérature conçue selon des critères modernes, mais pas nécessairement littérature de la modernité. Au contraire : toute la palette des contre-positions est à sa disposition.

Peut-être la différence la plus frappante entre Sartre et Barthes est-elle la différence profonde, celle des tempéraments. Il y a quelque chose de brutal, de bon enfant dans la conception sartrienne du monde, une attitude volontariste à l'égard de la simplicité, de la résolution, de la transparence ; la conception que s'en fait Barthes est irrévocablement complexe, vigilante par rapport à soi, raffinée, irrésolue. Sartre n'était que trop disposé à rechercher l'affrontement, et la tragédie de cette grande carrière, de l'usage qu'il fit de sa magnifique intelligence, ce fut précisément sa volonté de se simplifier. Barthes préférait éviter l'affrontement, fuir la polarisation. Il définit l'écrivain comme « le guetteur qui est à la croisée de tous les autres discours » : l'opposé d'un activiste ou d'un pourvoyeur de doctrine.

L'utopie littéraire de Barthes se situe, du point de vue du caractère éthique, presque à l'opposé de celle de Sartre. Son caractère éthique apparaît dans les rapports qu'il établit entre désir et lecture, entre désir et écriture, l'insistance avec laquelle il affirme que sa propre écriture est, plus que tout, le produit de l'appétit. Les mots de plaisir, jouissance, bonheur, reviennent sans cesse dans son œuvre et pèsent d'un poids qui fait penser à Gide par la façon dont s'y mêlent volupté et subversion. Tout comme un moraliste, puritain ou anti-puritain, tracerait une frontière solennelle entre le sexe destiné à la procréation et le sexe pour le plaisir, Barthes partage les écrivains entre ceux qui écrivent *quelque chose* (ce que Sartre désignait par écrivain), et les écrivains véritables, qui n'écrivent pas quelque chose, mais qui, simplement, écrivent. Ce sens intransitif du verbe écrire, Barthes ne l'assume pas seulement comme source de la félicité de l'écrivain mais aussi comme modèle de la liberté. Pour lui, ce n'est pas l'engagement que l'écriture prend à l'égard de quelque chose d'extérieur (à l'égard d'une cause morale ou politique) qui fait d'elle un instrument d'opposition et de subversion, mais c'est une certaine pratique de l'écriture même, pratique excessive, enjouée, complexe, subtile, sensuelle : normes de langage qui ne peuvent jamais être celles du pouvoir.

Chez Barthes, la célébration de l'écriture comme activité gratuite, libre, est en un sens une attitude politique. Il conçoit la littérature comme un renouvellement permanent du droit à l'affirmation individuelle ; et tous les droits sont, au bout du compte, politiques. Cependant, Barthes entretient un rapport d'esquive avec la politique : il est un des grands représentants modernes de l'attitude de refus à l'égard de l'histoire. Il a commencé à publier au lendemain de la Deuxième Guerre mondiale que, curieusement, il ne mentionne jamais; de fait, dans l'ensemble de ses écrits, autant que je m'en souvienne, il ne mentionne jamais le mot « guerre ». La façon affable qu'il a de comprendre les sujets dont il parle les domestique, au meilleur sens du terme. Il est totalement dépourvu de cette conscience tragique, que possédait Walter Benjamin, pour qui toute œuvre de civilisation est également une œuvre de barbarie. Le fardeau du souci moral était pour Benjamin une espèce de martyre ; il ne pouvait s'empêcher de le rattacher à la politique. Barthes, lui, considère la politique comme une sorte d'étouffement du sujet humain (et intellectuel), dont il faut avoir l'intelligence de s'évader ; dans *Roland Barthes,* il déclare aimer les « positions légères en politique ». De là peut-être qu'il n'ait jamais été hanté par le projet, central pour Benjamin comme pour tous les vrais tenants de la modernité : celui d'essayer de sonder la nature du « moderne ». Barthes, qui n'était ni tourmenté par les catastrophes de la modernité ni tenté par ses illusions révolutionnaires, a une sensibilité post-tragique. Il a qualifié l'époque littéraire actuelle de « moment d'apocalypse douce ». C'est en effet un écrivain heureux, celui qui peut prononcer une telle expression.

Une grande partie de l'œuvre de Barthes est consacrée au répertoire du plaisir, « la grande aventure du désir », selon l'expression de l'essai sur *la Physiologie du goût* de Brillat-Savarin. Recueillant un modèle de félicité dans tout ce qu'il étudie, il assimile la pratique intellectuelle elle-même à la pratique érotique. Barthes appelait désir la vie de l'esprit, et se souciait de défendre la pluralité du désir. Le sens n'est jamais monogame. Sa joyeuse sagesse, son gai savoir offrent l'idéal d'une conscience libre, avide et pourtant satisfaite, l'idéal d'une condition où l'on n'a pas à choisir entre le bien et le mal, entre le vrai et le faux, où la justification n'est pas nécessaire. Les textes et les entreprises qui attiraient Barthes étaient pour la plupart ceux où il pouvait déceler un défi lancé à ces antithèses. C'est ainsi, par exemple, que Barthes analyse la mode : comme un domaine, semblable à celui de l'éros, où les contraires n'existent pas (« La mode cherche des équivalences, des validités, non des vérités ») ; où l'on peut s'autoriser la satisfaction ; où le sens et le plaisir abondent.

Pour mener ce genre d'analyse, Barthes a besoin d'une catégorie maîtresse à travers laquelle tout puisse être réfracté, qui permette à l'intellect de jouer le plus grand nombre possible de coups. Cette catégorie la plus inclusive est celle du langage, pris en son sens le plus large : la forme même. C'est ainsi que le sujet du *Système de la mode* (1967) n'est pas la mode mais le langage de la mode. Barthes postule évidemment que le langage de la mode *est* la mode ; que, comme il l'a déclaré dans un entretien, « la mode n'existe qu'à travers le discours que l'on tient sur la mode ». Des postulats de cette espèce (le mythe est un langage, la mode est un langage) sont devenus une convention dominante, souvent réductrice, dans les entreprises intellectuelles contemporaines. Dans l'œuvre de Barthes, ils sont moins réducteurs que proliférateurs : abondance de biens pour le critique considéré comme un artiste. Stipuler qu'il n'y a pas de compréhension en dehors du langage, c'est affirmer qu'il y a du sens partout.

En étendant ainsi le domaine du sens, Barthes déborde le concept pour déboucher sur des paradoxes triomphants tels que celui du sujet vide qui contient tout, du signe vide auquel toute signification peut être attribuée. Avec ce sentiment euphorique de la prolifération du sens, Barthes lit la tour Eiffel comme une « sorte de degré zéro du monument », comme « ce signe pur — vide, presque » qui « *veut tout dire* » (c'est lui qui souligne). (La visée essentielle des argumentations paradoxales de Barthes est la défense de sujets désempêtrés de l'utile : c'est l'inutilité de la tour Eiffel qui fait qu'elle peut servir sans fin en tant que signe, de même que c'est l'inutilité de la littérature authentique qui fait qu'elle peut servir du point de vue moral.) De telles absences de sens libératrices, Barthes en a trouvé tout un monde (représentatif à la fois de la modernité et de quelque chose qui était, simplement, non occidental) au Japon ; le Japon, notait-il, était plein de signes vides. A la place des antithèses moralisantes — le vrai contre le faux, le bien contre le mal — Barthes propose la complémentarité des extrêmes. « Sa forme est vide mais présente, son sens est absent mais plein », écrit-il à propos du mythe dans un essai des années cinquante. Sur de nombreux sujets, l'argumentation culmine de façon identique avec l'affirmation que l'absence est en réalité présence, le vide plénitude, l'impersonnalité, l'aboutissement ultime du personnel.

Comme ce registre euphorique de la compréhension qu'est la compréhension religieuse, qui discerne des trésors de sens dans ce qu'il y a de plus banal et de plus insignifiant, qui désigne comme le plus riche porteur de sens celui qui en est dépourvu, les brillantes descriptions de l'œuvre de Barthes témoignent d'une expérience extatique de la compréhension ; et l'extase, qu'elle soit religieuse, esthétique ou sexuelle, a toujours été décrite métaphoriquement comme sentiment d'être vide et d'être plein, comme état zéro et état de plénitude maximale, l'un et l'autre alternant, s'équivalant. Le transport même des sujets dans le discours qui les traite est une manœuvre de type semblable : les vider pour les remplir à nouveau. C'est une méthode de compréhension qui présume l'extase et engendre le détachement. Il n'est pas jusqu'à son idée du langage qui ne soutienne à la fois les deux aspects de sa sensibilité : tout en endossant une profusion du sens, la théorie saussurienne du langage, — selon laquelle le langage est forme, et non substance, — s'accorde merveilleusement au goût du discours élégant, c'est-à-dire réticent. En créant du sens à travers l'équivalent intellectuel de l'espace négatif, la méthode de Barthes fait qu'on ne parle jamais des choses en elles-mêmes : la mode est le langage de la mode, un pays (le Japon) est « l'empire des signes » — suprême compliment. L'existence de la réalité en tant qu'ensemble de signes est conforme à une idée maximaliste du décorum : tout sens est différé, indirect, élégant.

Les idéaux d'impersonnalité, de retenue, d'élégance de Barthes sont splendidement exposés dans sa célébration de la culture japonaise : le livre intitulé *l'Empire des signes* (1970) et l'essai sur les marionnettes du Bunraku. Cet essai, « Leçon d'écriture », rappelle « Sur le théâtre de marionnettes » de Kleist, qui loue de façon similaire la tranquillité, la légèreté et la grâce d'êtres sans pensée, sans arrière-pensée, — libres des « désordres de la conscience ». Comme les marionnettes de l'essai de Kleist, celles du Bunraku incarnent sous une forme idéale « l'impassibilité, la clarté, l'agilité, la subtilité ». Etre à la fois impassible et fantasque, frivole et profond, soucieux de l'étiquette et suprêmement sensuel, — ces qualités que Barthes discernait dans les diverses facettes de la civilisation japonaise projettent un idéal de goût et de comportement, l'idéal de l'esthète au sens large, qui a cours depuis les dandys de la fin du XVIIIe siècle. Barthes n'était pas, de loin, le premier observateur occidental pour lequel le Japon ait joué le rôle d'une utopie d'esthète, le lieu où l'on trouve partout des conceptions d'esthète, et où l'on est libre d'appliquer les siennes. La culture où les valeurs esthètes occupent une place centrale, et non excentrique comme en Occident, devait susciter une réaction forte. (Le Japon est déjà mentionné dans l'essai sur Gide de 1942.)

Parmi les modèles de vision esthète du monde, ceux dont l'expression est la plus achevée sont peut-être le français et le japonais. En France, cela a surtout été une tradition littéraire, bien qu'on la retrouve dans deux arts plus répandus, la gastronomie et la mode. Barthes s'est effectivement intéressé à la nourriture comme idéologie, comme classification, comme goût : il parle souvent de savourer ; et il paraît inévitable qu'il ait été attiré par la mode. De Baudelaire à Cocteau, les écrivains ont pris la mode au sérieux, et l'un des pères fondateurs de la modernité littéraire, Mallarmé, a publié un magazine de mode. La culture française, dans laquelle l'idéal esthète a été formulé plus explicitement et a exercé plus d'influence que dans aucune autre culture européenne, fait communiquer les idées d'art d'avant-garde et de mode. (Les Français n'ont jamais partagé la conviction anglo-saxonne qui fait de la mode l'antithèse du sérieux.) Au Japon, les valeurs esthètes se révèlent baigner l'ensemble de la culture, précédant de loin les ironies modernes ; elles étaient déjà formulées à la fin du xe siècle dans le *Livre de l'oreiller* de Sei Shonagon, ce bréviaire d'attitudes d'un dandysme consommé, écrit sous une forme fragmentaire, qui nous paraît étonnamment moderne : notes, anecdotes et listes. L'intérêt que Barthes manifestait pour le Japon exprime l'attrait pour une forme moins défensive, plus innocente et infiniment plus élaborée de la sensibilité esthète : plus vide et plus jolie que sa version française, plus directe (il n'est pas question de la beauté de la laideur comme chez Baudelaire) ; pré-apocalyptique, raffinée, sereine.

Dans la culture occidentale, où il demeure marginal, le dandysme est de l'ordre de l'exagération. Sous une de ses formes, la plus ancienne, l'esthète se fait le champion de la volonté de refus, adoptant les attitudes qui permettent de n'aimer, de ne se trouver à l'aise, de ne donner son assentiment qu'au plus petit nombre de choses possibles ; les réduisant à leur plus infime expression. (Quand le goût distribue des bonnes et ses mauvaises notes, il affectionne les adjectifs minorants, tels que, en ce qui concerne l'éloge, amusant, joli, charmant, agréable, pas mal.) L'élégance s'identifie au refus le plus large. Du point de vue du langage, cette attitude trouve son expression la plus achevée dans la saillie désabusée, la notation lapidaire dédaigneuse. Sous son autre forme, le dandysme soutient des valeurs qui permettent de jouir du plus grand nombre de choses possibles, s'annexant des sources de plaisir nouvelles, non conventionnelles, voire illicites. Le procédé littéraire qui exprime le mieux cette attitude est la liste (*Roland Barthes* en contient beaucoup), cette polyphonie capricieuse de l'esthète qui juxtapose des choses et des expériences de nature radicalement différente, parfois incongrue, et grâce à cette technique les transforme toutes en artefacts, en objets esthétiques. Ici l'élégance s'identifie à l'acceptation la plus ingénieuse. Le comportement de l'esthète alterne entre l'insatisfaction permanente et la capacité de toujours trouver une façon d'être satisfait, de jouir virtuellement de tout *.

Bien que les deux tendances du goût du dandy présupposent le détachement, sa version exclusiviste est plus flegmatique. La version inclusiviste peut manifester de l'enthousiasme, de l'effusion ; les adjectifs qui servent à l'éloge tendent plus vers l'hyperbole que vers la litote. Barthes, chez qui le goût exclusiviste était très marqué, manifestait plus d'inclination pour sa forme moderne, démocratisante : le nivelage esthétique. D'où sa volonté de trouver de l'amusement, du bonheur, du plaisir dans tant de choses. Son analyse de Fourier, par exemple, est au bout du compte une appréciation d'esthète. De ces « petits détails » qui fourmillent dans l'œuvre de Fourier, Barthes écrit : « je suis emporté, ébloui, convaincu par une sorte de charme de l'expression... A ces bonheurs je

* La forme de la sensibilité esthète que j'ai autrefois essayé d'inclure sous le nom de *camp* peut être considérée comme une technique du goût destinée à rendre le goût de l'esthète moins exclusif (une façon d'aimer plus qu'on n'est vraiment prêt à aimer) et comme un aspect du processus de démocratisation de l'attitude dandyste. Le goût *camp* continue toutefois de pré-supposer les anciens critères élevés de distinction, par opposition avec le goût incarné, entre autres, par Andy Warhol, qui a fait du dandysme de nivellement un produit de consommation de masse.

ne résiste pas, ils me paraissent "vrais " ; la forme " m'a eu ". » Pareillement : ce qu'un autre « flâneur », moins voué à trouver du plaisir partout, pourrait ressentir comme la sur-population oppressante des rues de Tokyo, prend pour Barthes le sens de « la transformation de la qualité par la quantité », une relation nouvelle qui est « une source de jubilation infinie ».

La plupart des jugements et des centres d'intérêt de Barthes reviennent à affirmer des critères esthètes. Ses premiers essais, où il se fait le héraut des romans de Robbe-Grillet et qui lui ont donné la réputation trompeuse d'être l'avocat de la modernité en littérature, relevaient en fait de la polémique esthète. « Littérature objective », « littérature littérale », ces conceptions austères, minimalistes, sont une façon ingénieuse de recycler une des principales thèses de l'esthète : la surface est aussi révélatrice que la profondeur. Ce que Barthes discernait dans les années cinquante chez Robbe-Grillet, c'était un nouveau type d'écrivain dandy, version *high-tech* ; ce qu'il saluait en Robbe-Grillet, c'était le désir de « fonder le roman en surface », se refusant par là même à satisfaire notre désir de nous replier sur une psychologie. L'idée que les profondeurs n'éclairent rien, ne sont que de la démagogie ; qu'aucune essence humaine ne hante le fond des choses et que la liberté s'atteint en restant à la surface, ce grand verre où circule le désir : telle est la thèse centrale de l'esthétisme moderne, sous les diverses formes exemplaires qu'il a prises depuis plus d'un siècle. (Baudelaire. Wilde. Duchamp. Cage.)

Barthes ne cesse d'argumenter contre la profondeur, contre l'idée que ce qu'il y a de plus réel est latent, enfoui « derrière ». Le Bunraku lui apparaît comme le refus de l'antinomie entre la matière et l'âme, le dedans et le dehors. « Le mythe ne cache rien », déclare-t-il dans « Le mythe, aujourd'hui » (1956). L'attitude esthète non seulement considère les notions de profondeur, de sens occulte, comme un mensonge, une mystification, mais elle refuse l'idée même d'antithèse. Bien entendu, parler de profondeur et de surface est déjà une façon de déformer la conception esthète du monde, de réintroduire une dualité, comme celle de la forme et du contenu, qu'elle nie précisément. La formulation la plus globale de cette position a été faite par Nietzsche, dont toute l'œuvre constitue une critique des antithèses figées — bien contre mal, raison contre tort ; vrai contre faux.

Mais tandis que Nietzsche méprisait les « profondeurs », il exaltait les « hauteurs ». Dans la tradition post-nietzschéenne, il n'y a ni profondeurs ni hauteurs ; il y a seulement diverses espèces de surface, de spectacle. Nietzsche déclarait que tout esprit supérieur a besoin d'un masque et a célébré la ruse intellectuelle ; mais il faisait la plus sombre des prédictions quand il annonçait que le siècle suivant, le nôtre, serait celui de l'acteur. Un idéal de sérieux, de sincérité, sous-tend toute l'œuvre de Nietzsche, ce qui rend si problématique de rapprocher ses idées de celles d'un véritable esthète (comme Wilde, comme Barthes). Nietzsche était un penseur théâtral, mais pas un amoureux du théâtral. Son attitude ambivalente à l'égard du spectacle (après tout, sa critique de la musique de Wagner se ramène finalement à y voir une entreprise de séduction), l'importance qu'il accorde à l'authenticité du spectacle, tout cela signifie que des critères autres que ceux du théâtre étaient en cause. Chez l'esthète, précisément, la réalité et le spectacle s'interpénètrent, et la séduction est toujours bienvenue. De ce point de vue, les idées de Barthes manifestent une cohérence exemplaire. Une réflexion sur la théâtralité informe, directement ou indirectement, toute son œuvre.

(Divulgant ce secret, il déclare dans *Roland Barthes* qu'il n'y a aucun texte de lui « qui ne traite d'un certain théâtre, et le spectacle est la catégorie universelle sous les espèces de laquelle le monde est vu. ») Barthes explique la description vide, « anthologique », pratiquée par Robbe-Grillet comme une technique de distanciation théâtrale (« elle saisit l'objet comme dans un miroir et le constitue devant nous en spectacle »). La mode est évidemment un autre répertoire de la théâtralité. Il en va de même de son intérêt pour la photographie qu'il traite en pur spectacle offert à un regard hanté. Dans *la Chambre claire* il n'y a guère de photographes : ce sont les photographies (traitées quasiment comme des objets trouvés) et ceux qu'elles fascinent, comme objets de rêverie érotique ou *memento mori*, qui en sont le sujet.

Ce qu'il a écrit au sujet de Brecht, qu'il découvrit en 1954 (quand le Berliner Ensemble fit une tournée à Paris avec sa mise en scène de *Mère Courage*) et qu'il aida à faire connaître en France, concerne moins la théâtralité que ne le fait la façon dont il traite certains sujets comme *formes* du théâtral. Mettant fréquemment Brecht à contribution dans ses séminaires, pendant les années soixante-dix, ce sont les écrits en prose qu'il citait, comme modèle d'acuité critique : en Brecht, ce n'était pas le créateur de spectacles mais le théoricien qui comptait finalement pour lui. En revanche, dans le Bunraku, ce que Barthes aimait, c'était l'élément de théâtralité pure. Dans ses premières œuvres, le théâtral est le domaine de la liberté, le lieu où les identités ne sont que des rôles et où l'on peut en *changer,* une zone où l'on peut refuser le sens lui-même. (Barthes parle du privilège d' « exemption du sens » dont jouit le Bunraku.) Le discours que Barthes tient sur le théâtral, tout comme son prosélytisme en faveur du plaisir est une façon de prêcher une atténuation, un allégement, une déroute du Logos, du sens lui-même.

L'affirmation de la notion de spectacle est le triomphe de l'attitude esthète : la promulgation du ludique, le refus du tragique. Toutes les manœuvres intellectuelles de Barthes ont pour effet de vider l'œuvre de son « contenu », le tragique de sa finalité. C'est en ce sens que son œuvre est authentiquement subversive, libératrice, — enjouée ; discours hors-la-loi, dans la grande tradition esthète, qui prend souvent la liberté de rejeter la « substance » du discours afin de mieux apprécier sa « forme » ; un discours hors-la-loi qui se donne une respectabilité, pour ainsi dire, grâce à diverses théories connues sous le nom de variétés de formalisme. Quand il retrace son évolution intellectuelle, Barthes se décrit comme l'éternel disciple, mais ce qu'il faut entendre par là, c'est qu'il demeure au bout du compte intact. Il a dit qu'il avait travaillé « sous la tutelle » d'une suite de théories et de maîtres. En fait, son œuvre présente beaucoup plus de cohérence, et d'ambivalence. Quelque lié qu'il fût à des doctrines tutélaires, sa soumission était superficielle. A terme, il était nécessaire qu'il se débarrassât de tout appareil intellectuel. Ses derniers livres sont une espèce de mise à plat de ses idées. *Roland Barthes,* dit-il, est le livre de ses « résistances » à ses propres idées, le démantèlement de sa propre autorité. Et dans la leçon inaugurale qui a marqué son accession à la position d'autorité suprême, la Chaire de Sémiologie littéraire du Collège de France, en 1977, Barthes choisit, de façon caractéristique, de plaider pour une autorité intellectuelle douce. Il célèbre l'enseignement comme un espace permissif, non cœrcitif, où l'on peut être détendu, désarmé, flottant.

Le langage même, que Barthes appelait « utopie » dans la formulation euphorique qui clôt *le Degré zéro de l'écriture,* devient cible à son tour, comme autre forme de

« pouvoir », et l'effort auquel il se livre pour traduire sa sensibilité aux façons dont le langage est pouvoir suscite, dans la *Leçon,* l'hyperbole qui fit immédiatement scandale : le pouvoir du langage « est tout simplement fasciste ». Croire que la société est régie par des idéologies monolithiques et des mystifications répressives est nécessaire à sa défense de l'égoïsme, défense post-révolutionnaire mais cependant contestatrice : sa thèse selon laquelle l'affirmation de ce qui est le plus intime chez l'individu est en soi un acte subversif. C'est une extension classique de l'attitude esthète, où elle devient une politique : politique de l'individualisme radical. Le plaisir s'y identifie pratiquement au plaisir non conforme, et le droit à l'affirmation individuelle aux droits imprescriptibles du moi asocial. Dans les derniers écrits, le thème de la contestation du pouvoir en tant que tel prend la forme d'une définition de l'expérience de plus en plus centrée sur les passions privées, et d'une définition de la pensée comme jeu. « Le grand problème », déclare-t-il dans un entretien des années soixante-dix, « c'est de déjouer le signifié, de déjouer la loi, de déjouer le père, de déjouer le refoulé — je ne dis pas de le faire exploser, mais de le déjouer ». L'idéal de détachement de l'esthète, avec tout le comportement égoïste qu'il autorise, laisse place pour des aveux d'engagement passionné, obsessif : égoïsme de l'ardeur, de la fascination. (C'est ainsi que Wilde parle de son « curieux mélange d'ardeur et d'indifférence : j'irais jusqu'au bûcher pour une sensation et je resterais sceptique jusqu'au dernier instant ».) Barthes doit sans cesse affirmer le détachement de l'esthète, et le miner, par les passions.

Comme tous les grands esthètes, Barthes était maître en l'art de ne rien exclure. C'est ainsi qu'il identifie l'écriture, à la fois, à une relation généreuse avec le monde (l'écriture en tant que « production perpétuelle »), et à une relation de défi (l'écriture en tant que « révolution perpétuelle du langage », hors du champ du pouvoir). Il veut une politique et une anti-politique, une relation au monde qui soit à la fois critique et au-delà des considérations morales. Le radicalisme de l'esthète est celui d'une conscience privilégiée, voire rassasiée, mais ce n'en est pas moins un radicalisme authentique. Toutes les attitudes morales authentiques sont fondées sur une idée de refus, et celle de l'esthète, qui peut être conformiste, jette effectivement les bases, qui peuvent être solides et pas seulement élégantes, d'un grand refus.

Radicalisme de l'esthète : être multiple, opérer des identifications multiples ; assumer pleinement la singularité du moi. Son œuvre — il avoue qu'il écrit par obsessions — est faite de continuités et de détours, de l'accumulation de points de vue ; dont, finalement, il se déprend : mélange de progrès et de caprice. Pour lui, la liberté est un état qui consiste à demeurer pluriel, fluide, frémissant de doctrine ; un état dont le prix est l'indécision, l'appréhension, la peur d'être tenu pour un imposteur. La liberté de l'écrivain, telle qu'il la décrit, est en partie une fuite. L'écrivain est le délégué de son propre moi, de ce moi en fuite perpétuelle devant ce que fixe l'écriture, tout comme l'esprit est en fuite perpétuelle devant la doctrine. « Celui qui *parle* n'est pas celui qui *écrit,* et celui qui *écrit* n'est pas celui qui *est.* » Barthes veut toujours aller ailleurs : c'est un des impératifs de la sensibilité de l'esthète.

A travers toute son œuvre, Barthes se projette dans le sujet qu'il traite. Il est Fourier, que ne troublait aucun sentiment de l'existence du mal, et qui se tenait à l'écart de la politique, « cette purge nécessaire » qu'il « vomit ». Il est la marionnette du Bunraku :

impersonnelle, subtile. Il est Gide : l'écrivain sans âge (toujours jeune, toujours mûr) ; l'écrivain en tant qu'égoïste : avatar glorieux de « l'être simultané » ou du désir pluriel. Il est le sujet de tous les sujets qu'il célèbre. (Ce besoin caractéristique de célébrer peut être rattaché au projet de définir, de créer des valeurs à usage personnel.) En ce sens, une grande partie de l'œuvre de Barthes apparaît maintenant comme autobiographique.

Elle a fini par devenir autobiographique au sens littéral du mot. Une méditation courageuse sur ce qui est privé, sur le moi, est au centre de ses derniers écrits et séminaires. Nombre de ses écrits, et tout particulièrement les trois derniers livres, qui traitent de façon poignante du thème de la perte, constituent une défense sans fard de sa sensualité (et en même temps de sa sexualité) : de sa saveur, de sa façon de goûter le monde. Ces livres sont aussi, de façon rusée, des anti-confessions. *La Chambre claire* est un méta-livre : une méditation sur le livre autobiographique encore plus personnel qu'il projetait d'écrire sur les photographies de sa mère, qui mourut en 1978, et auquel il avait ensuite renoncé. Barthes prend pour point de départ le modèle moderne de l'écriture qui se place au-dessus de toute idée d'intention ou de simple expressivité : un masque. « Il importe », dit Valéry, « que l'œuvre ne puisse apporter à celui qu'elle touche de quoi se réduire à une idée de la personne et de la pensée de l'auteur *. » Mais ce parti pris d'impersonnalité n'exclut pas l'aveu du moi : il s'agit d'une autre forme du projet d'examen de soi, — le grand projet de la littérature française. Valéry offre une image idéale de concentration sur soi : impersonnelle, désintéressée. Rousseau en offre une autre : passionnelle, avouant sa vulnérabilité. De nombreux thèmes de l'œuvre de Barthes appartiennent au discours traditionnel de la culture littéraire française : goût pour l'abstraction élégante, et en particulier pour l'analyse formelle des sentiments, — pensez aux grands aphoristes ; dédain pour la psychologie ; coquetterie au sujet de l'impersonnalité

* Ce dictat de la modernité selon lequel l'écriture est, idéalement, une forme d'impersonnalité ou d'absence, sous-tend la manœuvre à laquelle se livre Barthes pour éliminer « l'auteur » quand il examine un livre. (C'est la méthode de *S/Z :* lecture exemplaire d'une nouvelle de Balzac considérée virtuellement comme un texte sans auteur. Une des réalisations de Barthes en tant que critique est de formuler le mandat qu'une certaine modernité (Flaubert, Valéry, Eliot) confie à l'écrivain sous forme de programme général pour les lecteurs. Une autre réalisation est de contrevenir à ce mandat dans la pratique, car la plupart de ce que Barthes a écrit est précisément consacré à la singularité personnelle.

(Flaubert déclarant « Madame Bovary, c'est moi » mais revenant aussi dans ses lettres sur « l'impersonnalité de l'œuvre », son absence de lien avec lui).

Barthes est le dernier écrivain majeur en date à avoir assumé le grand projet inauguré par Montaigne : le moi comme vocation, la vie comme lecture de soi. Cette entreprise fait du moi le lieu de tous les possibles, moi avide, qu'aucune contradiction n'effraye (rien ne doit être perdu, tout peut être gagné), et fait de l'exercice de la conscience la plus haute ambition d'une vie, car c'est seulement en devenant pleinement conscient que l'on peut être libre. La tradition utopique spécifiquement française est cette vision de la réalité sauvée, retrouvée, transcendée par la conscience, vision de la vie de l'esprit comme vie de désir, de plein usage de l'intelligence et de plaisir — tradition si différente, par exemple, de celle d'éminent sérieux moral des littératures russe ou allemande.

Il était inévitable que l'œuvre de Barthes aboutît à l'autobiographie. « Il faut choisir entre être terroriste et être égoïste », fit-il une fois remarquer dans un séminaire. Ces options paraissent très françaises. Le terrorisme intellectuel est une forme centrale, respectable de la pratique intellectuelle en

France, — forme tolérée, encouragée, récompensée : c'est la tradition « jacobine » de l'affirmation brutale et du retournement idéologique éhonté ; la mission de sans cesse juger, formuler une opinion, jeter l'anathème ou exalter sans mesure ; le goût des positions extrêmes, retournées au gré des circonstances, et de la provocation délibérée. En comparaison, quelle modestie dans l'égoïsme !

La voix de Barthes devenait sans cesse plus intime, ses sujets plus intérieurs. Affirmer son propre particularisme (sans le « déchiffrer ») est le thème principal de *Roland Barthes*. Il écrit sur le corps, le goût, l'amour ; la solitude ; la désolation érotique ; finalement, sur la mort, ou plutôt sur le désir et la mort, thèmes jumeaux du livre sur la photographie. Comme dans les dialogues de Platon, le penseur (écrivain, lecteur, professeur) et l'amant — les deux grandes figures du moi barthésien — se rejoignent. Barthes, évidemment, donne à son érotique de la littérature un sens plus littéral, aussi littéral que possible. (Le texte pénètre, remplit, accorde l'euphorie.) Mais il semble assez platonicien au bout du compte. Le monologue des *Fragments d'un discours amoureux*, qui prend visiblement sa source dans l'histoire d'une déception amoureuse, s'achève sur une vision spirituelle à la mode platonicienne, où les amours inférieures se transmuent en amours d'un niveau supérieur, plus englobant. Barthes avoue qu'il « veut ne plus démasquer, ne plus interpréter, mais faire de la conscience même une drogue, et par elle accéder à la vision sans reste du réel, au grand rêve clair, à l'amour prophétique ».

A mesure qu'il se déprenait des théories, il donnait moins de poids à la valeur moderne de complexité. Il ne veut pas, dit-il, placer aucun obstacle entre lui et le lecteur. Le dernier livre est en partie mémoires (de sa mère), en partie méditation sur éros, en partie traité de l'image photographique et en partie invocation à la mort : livre de piété, de résignation, de désir ; renoncement à un certain brillant, extrême simplicité de la conception. Comme sujet, la photographie lui fournit la grande exemption, peut-être la grande libération, des exigences du goût formaliste. En choisissant d'écrire sur elle, Barthes saisit l'occasion d'adopter la forme la plus chaleureuse du réalisme : les photographies fascinent à cause de ce qu'elles représentent. Et elles peuvent évoquer le désir d'une autre déprise de soi. (« Face à certaines photos, je me voulais sauvage, sans culture », écrit-il dans *la Chambre claire.*) La douceur et le charme socratiques deviennent plus plaintifs, plus désespérés : l'écriture est une étreinte, donnée ou reçue ; toute idée tend une main. Il y avait un sentiment de désagrégation de ses idées, et de lui-même, représenté par sa fascination croissante pour ce qu'il appelle « le détail ». Dans la préface de *Sade, Fourier Loyola,* Barthes écrit : « Si j'étais écrivain, et mort, comme j'aimerais que ma vie se réduisît, par les soins d'un biographe amical et désinvolte, à quelques détails, à quelques goûts, à quelques inflexions, disons, des " biographèmes ", dont la distinction et la mobilité pourraient voyager hors de tout destin et venir toucher, à la façon des atomes épicuriens, quelque corps futur, promis à la même dispersion. » Besoin de toucher, même dans la perspective de sa propre condition de mortel.

Les dernières œuvres de Barthes sont pleines d'indices qu'il était parvenu à la fin de quelque chose — la tâche du critique en tant qu'artiste — et qu'il cherchait à devenir un écrivain d'un autre genre. (Il annonçait son intention d'écrire un roman.) Il y avait des aveux exaltés de vulnérabilité, d'un sentiment d'abandon. Il nourrissait de plus en plus une idée de l'écriture qui ressemble à l'idée mystique de *kénosis,* le processus qui consiste à se vider. Il reconnaissait que non seulement les systèmes — ses idées étaient dans un état de dissolution — mais aussi que le « je » devait être démantelé. (Le savoir véritable, dit Barthes, implique de « démasquer le je ».) L'esthétique de l'absence — le signe vide, le sujet vide, l'exemption du sens — étaient autant d'indications du grand projet de dépersonnalisation qui est le geste suprême de bon goût de l'esthète. Alors que son œuvre touchait à son terme, cet idéal connut une inflexion nouvelle. Idéal spirituel de dépersonnalisation, voilà quel est peut-être le terme spécifique de toute position esthète tenue avec sérieux. (Pensez à Wilde, à Valéry.) C'est le point où la conception de l'esthète s'auto-détruit : ce qui suit est soit le silence, soit la transformation en autre chose.

Barthes nourrissait des aspirations spirituelles que ne pouvait pas satisfaire son attitude esthète. Il était inévitable qu'il la dépassât, comme il le fit dans ses tout derniers textes et cours. Il en avait fini avec l'esthétique de l'absence, et parlait maintenant de la littérature comme de l'étreinte du sujet et de l'objet. Il y avait émergence d'une vision de « sagesse » à la Platon, — tempérée, bien entendu, de sagesse mondaine : sceptique à l'égard des dogmatismes, soucieux de satisfaction, avec un attachement nostalgique à des idéaux utopiques. Le tempérament, le style, la sensibilité de Barthes avaient suivi leur cours. Et dans cette perspective, son œuvre semble maintenant déployer, avec plus de grâce, avec quelque chose de plus poignant, et avec infiniment plus de puissance intellectuelle que celle d'aucun autre contemporain, les vérités accessibles à la sensibilité esthète, au goût de l'aventure intellectuelle, au talent pour la contradiction et l'inversion, — ces façons « tardives » de vivre, d'évaluer, de lire le monde, ces façons d'y survivre, de tirer de l'énergie, de trouver (et au bout du compte de ne pas trouver) consolation ; de prendre plaisir, d'exprimer l'amour.

Impression : Normandie Roto Impression s.a.s. à Lonrai
Dépôt légal : novembre 2009
N° d'édition : 2018 – N° d'impression : 092399
Imprimé en France